I0821900

Serpientes escurridizas

SERPIENTES DE CASCABEL

GAIL TERP

Bolt es una publicación de Black Rabbit Books
P.O. Box 227, Mankato, Minnesota, 56002.
www.blackrabbitbooks.com

Marysa Storm, editora; Grant Gould, diseñador;
Omay Ayres, investigación fotográfica
Traducción de Travod, www.travod.com

Names: Terp, Gail, 1951- author.
Title: Serpientes de cascabel / por Gail Terp.
Other titles: Rattlesnakes. Spanish
Description: Mankato : Black Rabbit Books, [2021] | Series: Bolt. serpientes escurridizas | Includes index. | Audience: Grades 4-6 | Summary: "Diagrams, graphs, and fun text help readers explore the habitats, diets, and daily lives of rattlesnakes"— Provided by publisher.
Identifiers: LCCN 2019053808 (print) | LCCN 2019053809 (ebook) | ISBN 9781623105211 (hardcover) | ISBN 9781644664698 (paperback) | ISBN 9781623105273 (ebook)
Subjects: LCSH: Rattlesnakes—Juvenile literature.
Classification: LCC QL666.O69 T47518 2021 (print) | LCC QL666.O69 (ebook) | DDC 597.96/38—dc23

Image Credits

Alamy: Jeff Lepore, 21 (main); John Cancalosi, 18; Robert Eastman, 24 (bobcat); AnimalsAnimals: Michael Francis, Cover; Dreamstime: Rusty Dodson, 15 (top); iStock: Teeroy, 1; Minden Pictures: Daniel Heuclin, 10–11; David Welling, 12; John Cancalosi, 22; Kim Taylor, 28; Lynn M. Stone, 6; MYN / JP Lawrence, 24 (lizard); MYN / Seth Patterson, 31; Michael D. Kern, 32; Pete Oxford, 22–23; mwcboard.com: Old_SD_Dude, 14; Science Source: John Mitchell, 4–5; Shutterstock: blackboard1965, 16–17; CLS Digital Arts, 24 (rabbit); Eric Isselee, 16, 21 (silhouettes), 24 (rattlesnakes); fivespots, 24 (snake); Joe McDonald, 27; Le Do, 24 (hawk); Matt Jeppson, 15 (btm); Rusty Dodson, 8–9; Tim Zurowski, 24 (bird); xradiophotog, 3
Se ha hecho todo lo posible para establecer contacto con los titulares de los derechos del material que se reproduce en este libro. Los descuidos que se notifiquen al editor quedarán enmendados a partir de la siguiente tirada.

CONTENIDO

CAPÍTULO 1

Serpientes de cascabel en ACCIÓN

Una serpiente de cascabel hambrienta mueve su lengua bífida. La lengua captará el aroma de la **presa** cercana. Los sensores de calor de la serpiente también están activos. Si un animal se acerca, la serpiente sentirá su calor.

Algo se acerca. Es un ratón. La serpiente de cascabel se enrosca en posición. Luego, ataca. Sus colmillos inyectan **veneno** en la presa. Una vez que el ratón está muerto, la serpiente se lo traga entero.

COMPARACIÓN DE LONGITUDES

Fundida con el entorno

Hay más de 30 tipos de serpientes de cascabel. Todas son **depredadores** poderosos y venenosos. Estas serpientes tienen cabezas en forma de triángulo y cuerpos pesados. Las hay de varios colores. Algunas son cafés, grises o amarillas. Su piel a menudo está marcada con diferentes patrones. Sus colores y patrones les ayudan a fundirse con sus hábitats.

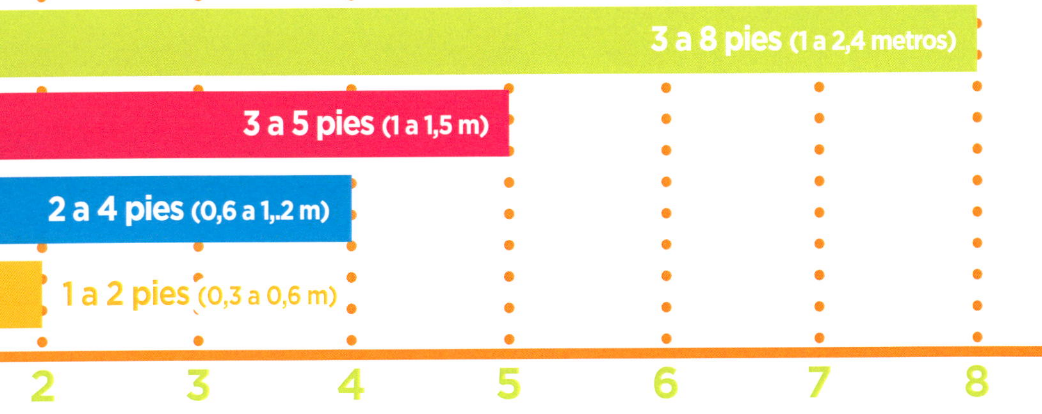

¡Escucha!

La cola de la serpiente de cascabel tiene un cascabel en la punta. El cascabel está hecho de anillos. Cuando la serpiente detecta a un depredador, sacude su cola. Esta acción hace que los anillos tintineen, haciendo un ruido de cascabeleo. El ruido actúa como una advertencia. A menudo, la fuente del peligro retrocede. Si no es así, la serpiente ataca.

Las serpientes de cascabel atacan más rápido que lo que se tarda en guiñar el ojo.

CARACTERÍSTICAS DE LA SERPIENTE DE CASCABEL

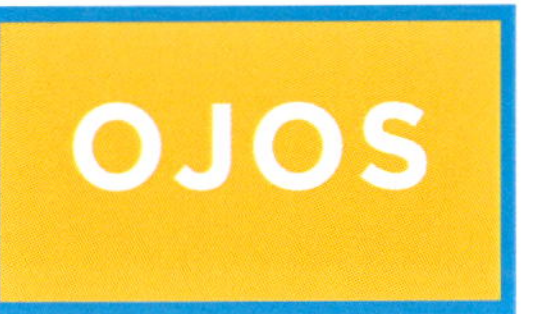

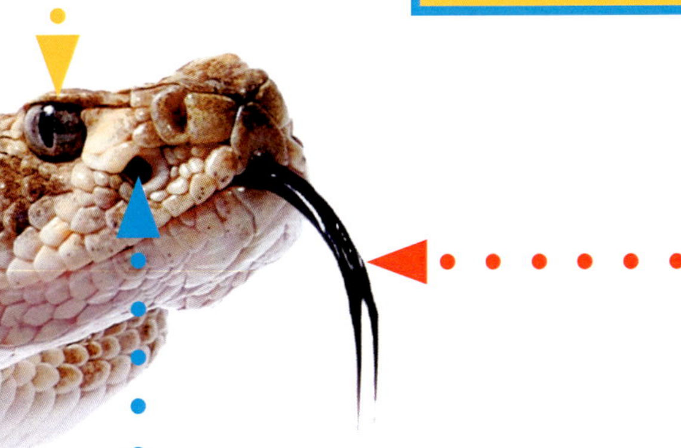

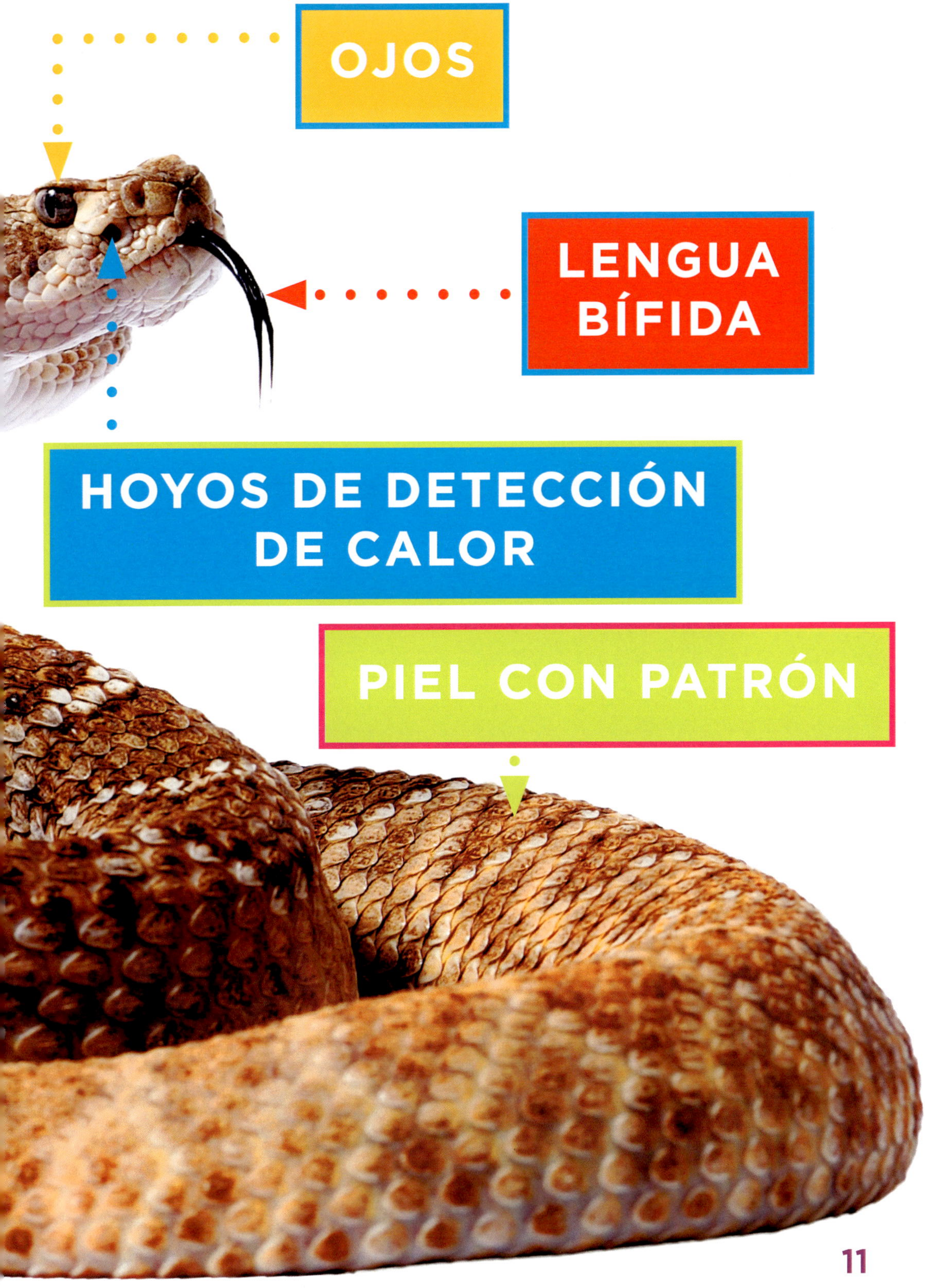
OJOS
LENGUA BÍFIDA
HOYOS DE DETECCIÓN DE CALOR
PIEL CON PATRÓN

Las serpientes de cascabel son peligrosas incluso si se les corta la cabeza. ¡Sus cabezas todavía pueden morder durante unas horas después de la muerte!

CAPÍTULO 2

CACERÍA y casas

Las serpientes de cascabel comen pequeños **mamíferos**, como los ratones. También comen pájaros y lagartos. Estas serpientes a menudo se esconden y esperan a las presas. Una vez que la presa está cerca, atacan.

Hábitats

Estas serpientes se encuentran en Norteamérica y Sudamérica. Viven en desiertos y praderas. También viven en colinas rocosas y montañas. Algunas incluso se deslizan por pantanos. Las serpientes de cascabel viven donde hay muchos escondites. Necesitan permanecer ocultas de las presas. También deben esconderse de los depredadores.

Las serpientes de cascabel son buenas nadadoras.

PRADERAS
DESIERTOS

DONDE LAS SERPIENTES DE CASCABEL VIVEN

Mapa del alconce de las serpientes de cascabel

Algunas serpientes de cascabel comparten sus **guaridas** con otros tipos de serpientes.

CAPÍTULO 3

Vida

Las serpientes de cascabel pasan la mayoría del tiempo solas. Pero muchas se reúnen en guaridas durante la parte fría del año. En las guaridas, **bruman** y se mantienen calientes.

Las serpientes de cascabel también se reúnen para **aparearse**. Los machos encuentran a las hembras siguiendo sus rastros de olor. Después del apareamiento, las hembras dan a luz. A diferencia de otras serpientes, las serpientes de cascabel no ponen huevos. En cambio, los óvulos se desarrollan dentro de las hembras. Luego dan a luz a crías vivas.

Todavía sin cascabel

Las serpientes de cascabel recién nacidas no tienen cascabel. Pero en aproximadamente dos semanas, las crías **mudarán** su piel por primera vez. Es entonces cuando las serpientes de cascabel obtienen sus primeros anillos. Cada vez que las serpientes mudan la piel, su cascabel obtiene otro anillo. ¡Pronto será hora de hacer algo de ruido!

Sin embargo, la presa debe tener cuidado con las crías desde el principio. Los recién nacidos tienen colmillos y veneno. Están listas para atrapar y matar a las presas.

COMPARACIÓN DE TAMAÑOS

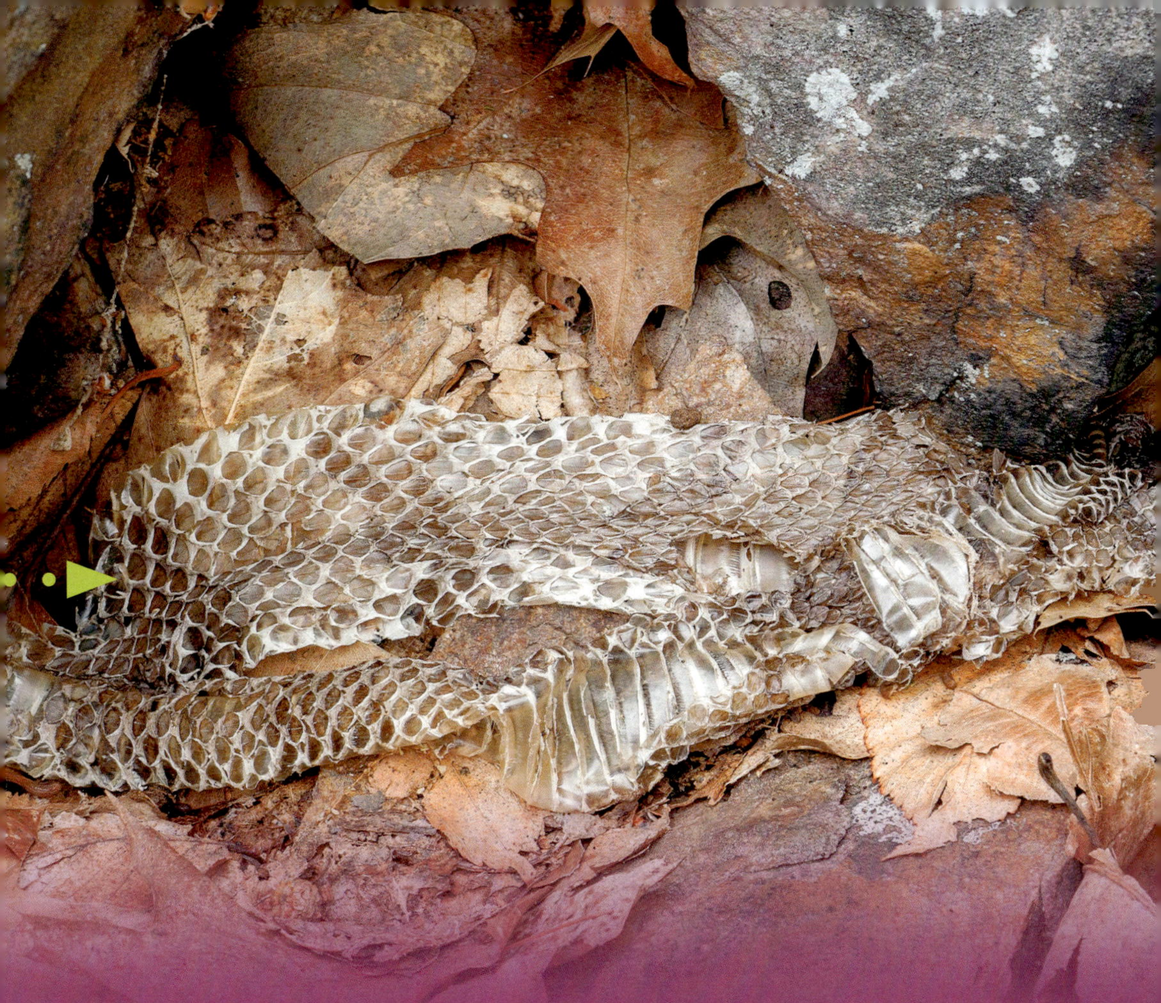

SERPIENTE DE CASCABEL DIAMANTINA DEL ESTE ADULTA

SERPIENTE DE CASCABEL DIAMANTINA DEL ESTE RECIÉN NACIDA

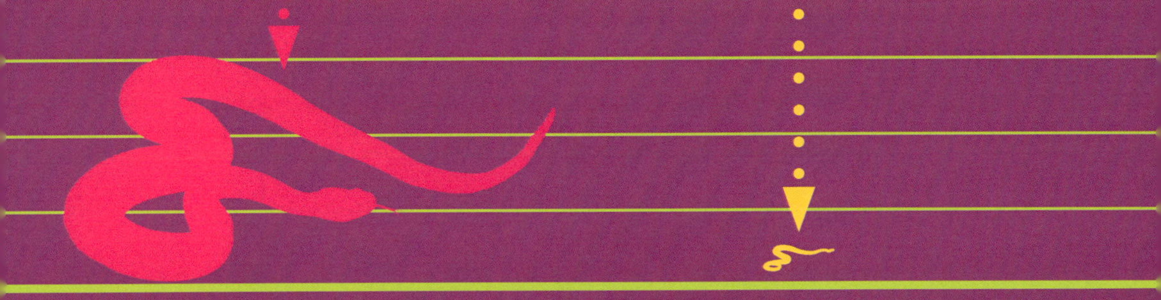

3 a 8 PIES
(1 a 2,4 m)

1 a 1,25 PIES
(0,3 m)

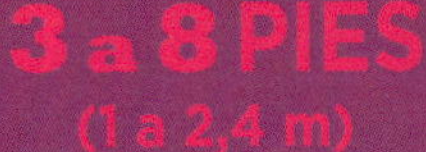

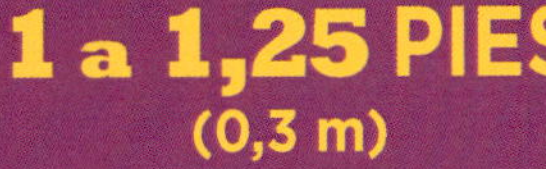

CUESTIÓN DE NÚMEROS

8,2 PIES
(2,5 M)
SERPIENTE DE CASCABEL (DIAMANTINA DEL ESTE) MÁS LARGA ALGUNA VEZ REGISTRADA

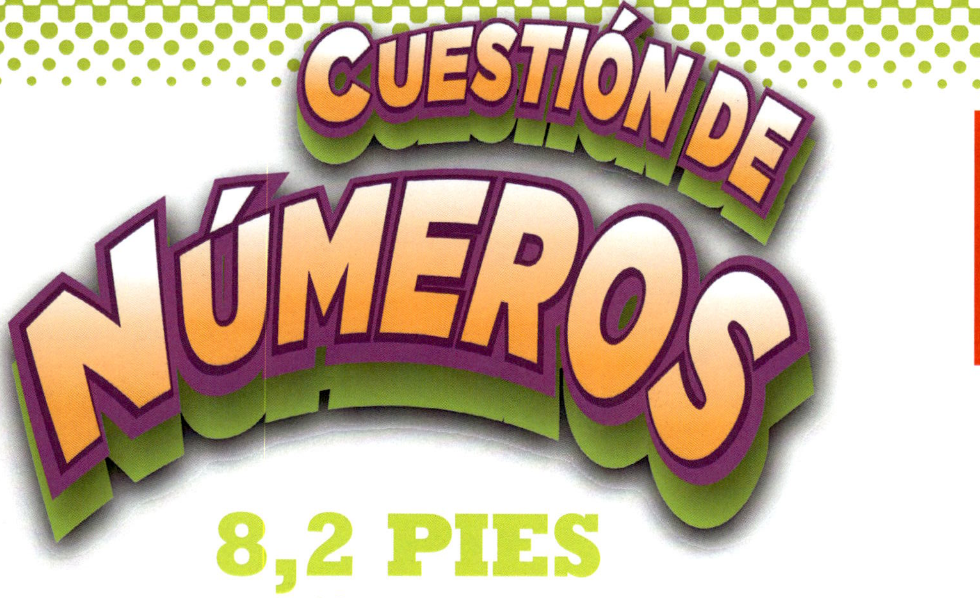

HASTA
20
cantidad de crías que las madres pueden tener por vez

10 a 25 años
ESPERANZA
DE VIDA
(todos los tipos)
hasta 10 libras
(5 kilogramos)
CUANTO LA SERPIENTE DE CASCABEL
DIAMANTINA DEL ESTE PESA

Cadena alimentaria de la serpiente cascabel

Esta cadena alimentaria muestra qué seres comen serpientes de cascabel. También muestra lo que comen las serpientes de cascabel.

GATOS MONTESES

OTRAS SERPIENTES

HALCONES

LAS SERPIENTES DE CASCABEL

CONEJOS

LAGARTOS

pájaros

CAPÍTULO 4

Parte de

Las serpientes de cascabel son peligrosas. Pero de todas maneras, tienen depredadores. Las aves, como los halcones, se las comen. Los gatos monteses y otros mamíferos también se las comen. ¡Incluso otras serpientes se las comen!

Los humanos también les causan problemas a las serpientes de cascabel. Cazan a las serpientes por comida y su piel. Algunas personas convierten la piel en billeteras y botas. Los humanos también están destruyendo los hábitats de las serpientes.

Serpientes de cascabel útiles

Algunas personas matan a las serpientes de cascabel porque les temen. Les preocupa que las serpientes los muerdan a ellos o a sus mascotas. En algunos estados, hay grupos de personas que se reúnen para matar a las serpientes.

Las serpientes de cascabel pueden dar miedo, pero ayudan a los humanos. Las serpientes de cascabel comen ratones y otras plagas. Mantienen controladas a las poblaciones de plagas. El veneno de serpiente de cascabel también se usa en investigaciones. Los científicos piensan que podría usarse para hacer medicamentos.

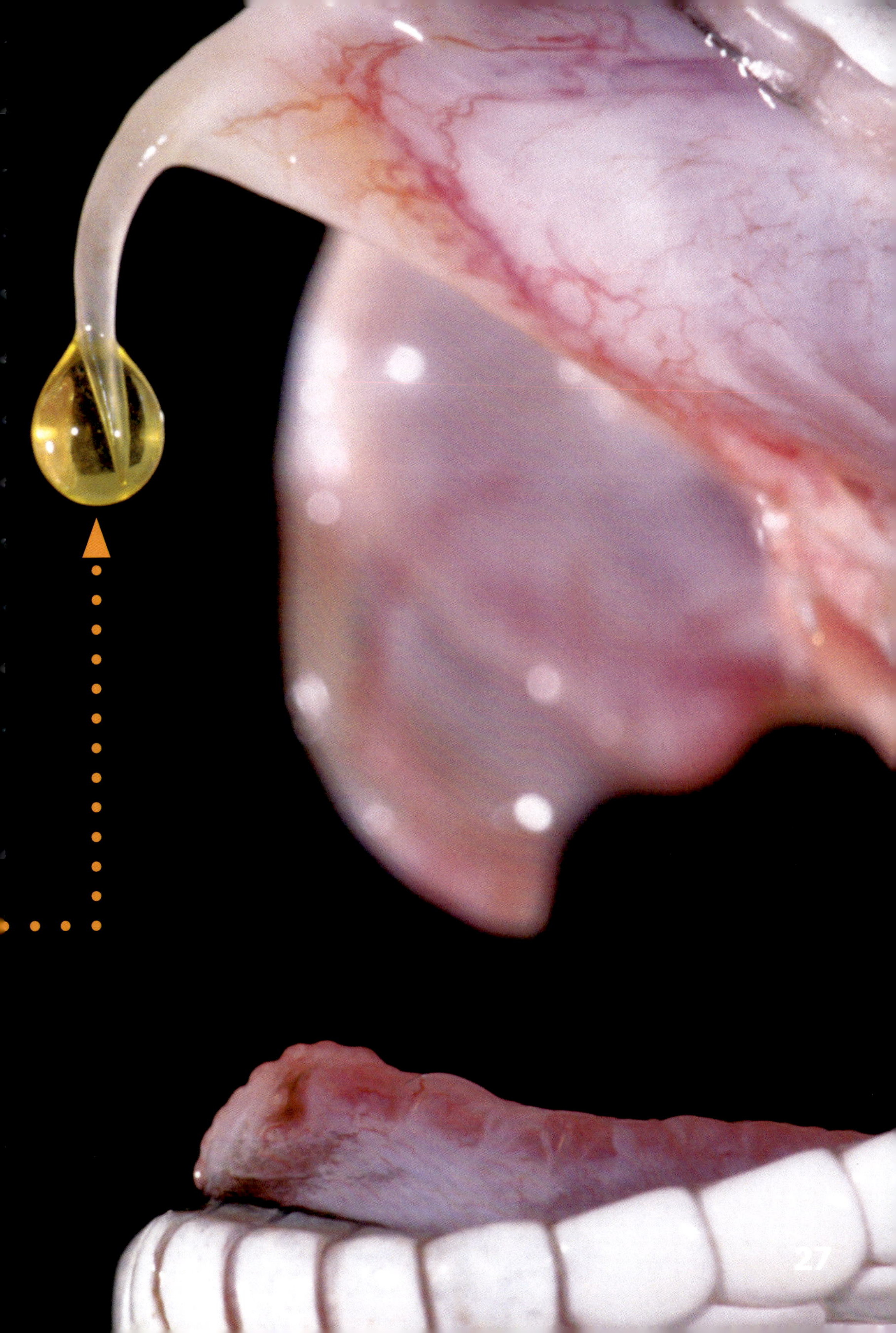

Proteger a las serpientes de cascabel

Algunos tipos de serpientes de cascabel están **en peligro de extinción**. Sin cuidado, podrían desaparecer. Las serpientes de cascabel juegan un papel clave en sus hábitats. Son comida para algunos animales. Mantienen bajo control las poblaciones de otros animales. Es importante que las personas protejan a las serpientes de cascabel.

Algunas serpientes de cascabel están protegidas en ciertos estados de EE. UU. Es ilegal matarlas.

GLOSARIO

aparearse: unirse para producir cría

brumar: pasar el invierno descansando o sin moverse

depredador: un animal que se come a otros animales

en peligro de extinción: cerca de extinguirse

guarida: un hogar de algunos tipos de animales salvajes

mamífero: un tipo de animal que alimenta a sus crías con leche y generalmente tiene pelo o pelaje

mudar: perder o desechar una cubierta o parte natural

presa: un animal al que lo cazan o matan para comerlo

veneno: una sustancia tóxica fabricada por animales utilizada para matar o herir

ÍNDICE